日本語能力試験

JLPT

Japanese-Language
Proficiency
Test

公式問題集

音声CD
1枚付

N5

JAPAN FOUNDATION　国際交流基金

JEES　日本国際教育支援協会

にほんごの
凡人社
BONJINSHA

はじめに

　日本語能力試験は、日本語を母語としない人の日本語能力を測定し認定する試験として、国際交流基金と日本国際教育協会（現日本国際教育支援協会）が 1984 年に開始しました。以来、関係者の皆様のご支援を得て、日本語能力試験は世界最大規模の日本語の試験に成長しました。1984 年には 15 か国で実施され、約 7,000 人が受験しましたが、2011 年には 62 か国・地域で実施され、約 61 万人が受験しています。

　日本語能力試験は近年、さまざまな変化を経て現在に至っています。2009 年には、それまで 12 月に年 1 回実施していた試験を、7 月と 12 月の年 2 回としました。また、2010 年には、2005 年から多くの専門家のご協力を得て進めてきた試験の改定作業が完了し、新しい「日本語能力試験」を開始しました。現在までにすでに 4 回の試験を実施し、世界中で延べ約 122 万人が受験しています。

　試験の改定内容については、2009 年に、『新しい「日本語能力試験」ガイドブック』と『新しい「日本語能力試験」問題例集』としてまとめ、公開しました。それに続き、このたび、受験者と関係者の皆様のより一層の便宜をはかるため、問題集を発行することにしました。
　本書の構成・内容は次のとおりです。

１．問題集は、「N 1」、「N 2」、「N 3」、「N 4」、「N 5」の 5 冊に分かれています。

２．試験問題は、今の試験 1 回分に相当する数で構成されています。試験の練習に使えるよう、問題用紙の表紙と解答用紙のサンプルを掲載しています。

３．聴解の試験問題用のＣＤを添付しています。また試験問題の後にスクリプト（音声を文字にしたもの）を掲載しています。

４．『新しい「日本語能力試験」ガイドブック』公開以後の情報を含む、今の試験についての最新情報を、「3　日本語能力試験の概要」として掲載しています。

　この問題集が、国内外の多くの日本語学習者の助けとなれば幸いです。

2012 年 3 月

独立行政法人　国際交流基金　　　　　　　　　　　　公益財団法人　日本国際教育支援協会

目次

1 試験問題 1

言語知識（文字・語彙） 3

言語知識（文法）・読解 13

聴解 31

解答用紙 48

2 正答表と聴解スクリプト 51

正答表 52

聴解スクリプト 54

3 日本語能力試験の概要 63

1　日本語能力試験について 64

2　日本語能力試験の特徴 66

3　認定の目安 68

4　試験科目と試験（解答）時間 69

5　得点区分 70

6　試験の結果 71

7　尺度得点について 73

8　問題の構成と大問のねらい 75

9　よくある質問 81

1

<ruby>試<rt>し</rt>験<rt>けん</rt>問<rt>もん</rt>題<rt>だい</rt></ruby>

N5

げんごちしき (もじ・ごい)

(25ふん)

ちゅうい
Notes

1.　しけんが はじまるまで、この もんだいようしを あけないで ください。
　　Do not open this question booklet until the test begins.

2.　この もんだいようしを もって かえる ことは できません。
　　Do not take this question booklet with you after the test.

3.　じゅけんばんごうと なまえを したの らんに、じゅけんひょうと
　　おなじように かいて ください。
　　Write your examinee registration number and name clearly in each box below as written on your
　　test voucher.

4.　この もんだいようしは ぜんぶで 8ページ あります。
　　This question booklet has 8 pages.

5.　もんだいには かいとうばんごうの　1、2、3 … が あります。
　　かいとうは、かいとうようしに ある おなじ ばんごうの ところに
　　マークして ください。
　　One of the row numbers 1, 2, 3 … is given for each question. Mark your answer in the
　　same row of the answer sheet.

じゅけんばんごう　Examinee Registration Number	

なまえ　Name	

もんだい1 ＿＿＿の ことばは ひらがなで どう かきますか。

　　　　　1・2・3・4から いちばん いい ものを ひとつ えらんで
　　　　　ください。

（れい）　大きな えが あります。

　　　1　おおきな　　2　おきな　　　3　だいきな　　4　たいきな

（かいとうようし）　　（れい）　● ② ③ ④

1　先週　デパートに かいものに いきました。

　1　せんしゅ　　　　　　　2　せんしゅう

　3　ぜんしゅ　　　　　　　4　ぜんしゅう

2　ごはんの 後で さんぽします。

　1　つぎ　　　2　うしろ　　　3　まえ　　　4　あと

3　もう いちど 言って ください。

　1　いって　　2　きって　　3　まって　　4　たって

4　ちかくに 山が あります。

　1　かわ　　　2　やま　　　3　いけ　　　4　うみ

5　この ホテルは へやが 多いです。

　1　すくない　2　おおい　　3　せまい　　4　ひろい

6　ともだちと いっしょに 学校に いきます。

　1　がこう　　2　がこお　　3　がっこう　4　がっこお

7 えんぴつが 六本 あります。

1 ろくぼん　　2 ろくぽん　　3 ろっぼん　　4 ろっぽん

8 この 新聞は いくらですか。

1 しんむん　　2 しんぶん　　3 しむん　　4 しぶん

9 この カメラは 安いです。

1 たかい　　　2 やすい　　　3 おもい　　　4 かるい

10 かさは 外に あります。

1 いえ　　　　2 なか　　　　3 そと　　　　4 にわ

もんだい2 ＿＿＿の ことばは どう かきますか。1・2・3・4から いちばん いい ものを ひとつ えらんで ください。

（れい） わたしの こどもは はなが すきです。

　　　1　了ども　　　2　子ども　　　3　于ども　　　4　予ども

（かいとうようし）　（れい）　① ● ③ ④

---

11 けさ しゃわーを あびました。

　1　シャワー　　2　シャウー　　3　ツャワー　　4　ツャウー

12 コーヒーを のみました。

　1　飯みました　　　　　　　　2　飲みました

　3　餃みました　　　　　　　　4　飲みました

13 あたらしい くるまを かいました。

　1　卓　　　　2　桌　　　　3　車　　　　4　車

14 この ぼうしは 1000えんです。

　1　1000内　　2　1000用　　3　1000冊　　4　1000円

15 しゅくだいが はんぶん おわりました。

　1　羊分　　　2　半分　　　3　羊分　　　4　半分

16 わたしの うちに きませんか。

　1　来ませんか　　　　　　　　2　采ませんか

　3　木ませんか　　　　　　　　4　未ませんか

17 きのう　たなかさんと　<u>あいました</u>。

　　1　見いました　　　　　　　2　書いました
　　3　会いました　　　　　　　4　話いました

18 いもうとと　<u>おなじ</u>　ふくを　かいました。

　　1　同じ　　　　2　回じ　　　3　同じ　　　　4　回じ

もんだい3 （　　　）に なにを いれますか。1・2・3・4から
　　　　　　いちばん いい ものを ひとつ えらんで ください。

（れい）　あそこで バスに （　　　）。

　　　1　のりました　　　　　　　2　あがりました

　　　3　つきました　　　　　　　4　はいりました

（かいとうようし）　| （れい） | ● ② ③ ④ |

19　わたしの へやは この （　　　）の 2かいです。

　1　エレベーター　　　　　2　プール

　3　エアコン　　　　　　　4　アパート

20　さとうさんは ギターを じょうずに （　　　）。

　1　うたいます　　　　　　2　ききます

　3　ひきます　　　　　　　4　あそびます

21　テーブルに おさらと はしを （　　　） ください。

　1　ならべて　　2　とって　　3　たべて　　4　あらって

22　けさ そうじを したから へやは （　　　）です。

　1　きれい　　2　きたない　　3　あかるい　　4　くらい

23　きょうは 500 （　　　） およぎました。

　1　ど　　　　2　ばん　　　3　メートル　4　グラム

24　えきから たいしかんまでの （　　　）を かいて ください。

　1　しゃしん　2　ちず　　　3　てがみ　　4　きっぷ

25 うるさいから テレビを （　　　） ください。

　1　けして　　　2　つけて　　　3　しめて　　　4　あけて

26 きょうは （　　　） が ふって います。

　1　くもり　　　2　はれ　　　3　かぜ　　　4　ゆき

27 はこに りんごが （　　　） あります。

　1　よっつ
　2　いつつ
　3　むっつ
　4　ななつ

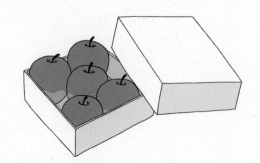

28 めがねは つくえの （　　　） に あります。

　1　そば
　2　よこ
　3　した
　4　うえ

もんだい4 ＿＿＿の ぶんと だいたい おなじ いみの ぶんが
あります。1・2・3・4から いちばん いい ものを ひとつ
えらんで ください。

（れい）　ここは でぐちです。いりぐちは あちらです。

1　あちらから でて ください。

2　あちらから おりて ください。

3　あちらから はいって ください。

4　あちらから わたって ください。

（かいとうようし）　　（れい）　① ② ● ④

29　まいばん くにの かぞくに でんわします。

1　よるは ときどき くにの かぞくに でんわします。

2　あさは ときどき くにの かぞくに でんわします。

3　よるは いつも くにの かぞくに でんわします。

4　あさは いつも くにの かぞくに でんわします。

30　この まちには ゆうめいな たてものが あります。

1　この まちには ゆうめいな ビルが あります。

2　この まちには ゆうめいな おちゃが あります。

3　この まちには ゆうめいな ケーキが あります。

4　この まちには ゆうめいな こうえんが あります。

31 その　えいがは　おもしろくなかったです。

1　その　えいがは　たのしかったです。

2　その　えいがは　つまらなかったです。

3　その　えいがは　みじかかったです。

4　その　えいがは　ながかったです。

32 たんじょうびは　6がつ15にちです。

1　6がつ15にちに　けっこんしました。

2　6がつ15にちに　テストが　はじまりました。

3　6がつ15にちに　うまれました。

4　6がつ15にちに　くにへ　かえりました。

33 にねんまえに　きょうとへ　いきました。

1　きのう　きょうとへ　いきました。

2　おととい　きょうとへ　いきました。

3　きょねん　きょうとへ　いきました。

4　おととし　きょうとへ　いきました。

N5

げんごちしき
言語知識（文法）・読解
ぶんぽう　　　　どっかい

（50ぷん）

ちゅう　　い
注　意
Notes

1. しけん はじ　　　　　　もんだいようし
   試験が始まるまで、この問題用紙をあけないでください。
   Do not open this question booklet until the test begins.

2. もんだいようし　も
   この問題用紙を持ってかえることはできません。
   Do not take this question booklet with you after the test.

3. じゅけんばんごう　　　　　　　　らん　　じゅけんひょう
   受験番号となまえをしたの欄に、受験票とおなじように
   かいてください。
   Write your examinee registration number and name clearly in each box below as written on your test voucher.

4. もんだいようし　　　　ぜんぶ
   この問題用紙は、全部で15ページあります。
   This question booklet has 15 pages.

5. もんだい　　　かいとうばんごう
   問題には解答番号の $\boxed{1}$、$\boxed{2}$、$\boxed{3}$ … があります。
   かいとう　　かいとうようし　　　　　　　　ばんごう
   解答は、解答用紙にあるおなじ番号のところにマークして
   ください。
   One of the row numbers $\boxed{1}$, $\boxed{2}$, $\boxed{3}$ … is given for each question. Mark your answer in the same row of the answer sheet.

じゅけんばんごう
受験番号　Examinee Registration Number

なまえ　Name

もんだい1　（　　　）に　何^{なに}を　入^いれますか。1・2・3・4から　いちばん

　　　　　　いい　ものを　一^{ひと}つ　えらんで　ください。

（れい）　これ　（　　　）　えんぴつです。

　　　　　　1　に　　　　　2　を　　　　　3　は　　　　　4　や

（かいとうようし）　| （れい） | ① | ② | ● | ④ |

1　日本^{にほん}　（　　　）　ラーメンは　おいしいです。

　　1　に　　　　　2　の　　　　　3　を　　　　　4　へ

2　わたしには　きょうだいが　二人^{ふたり}　います。弟^{おとうと}　（　　　）　妹^{いもうと}です。

　　1　は　　　　　2　も　　　　　3　と　　　　　4　か

3　山下^{やました}「田中^{たなか}さん　（　　　）　きのう　どこかに　出^でかけましたか。」

　　　田中^{たなか}「いいえ、いえに　いました。」

　　1　で　　　　　2　は　　　　　3　を　　　　　4　に

4　（タクシーで）

　　A「つぎの　かどを　右^{みぎ}　（　　　）　まがって　ください。」

　　B「わかりました。」

　　1　が　　　　　2　や　　　　　3　か　　　　　4　に

5　きのう、わたしは　ひとり　（　　　）　えいがを　見^みに　行^いきました。

　　1　が　　　　　2　を　　　　　3　で　　　　　4　は

文法

6 山下「今日　パーティーが　ありますから、田中さん　（　　　　）　来て　ください。」

田中「ありがとうございます。」

1　に　　　　2　も　　　　3　や　　　　4　で

7 田中「この　ぼうしは　山田さん　（　　　）　ですか。」

山田「はい。」

1　や　　　　2　は　　　　3　の　　　　4　か

8 駅まで　タクシーで　1000円　（　　　）　です。

1　ぐらい　　2　など　　　3　ごろ　　　4　も

9 A「さようなら。」

B「さようなら。また　（　　　）。」

1　おととい　　2　今日　　3　来週　　4　今月

10 わたしの　母は　50さいです。父は　55さいです。母は　父
（　　　）　5さい　わかいです。

1　から　　　2　まで　　　3　より　　　4　のほうが

11 子ども「いただきます。」

母　「あ、食べる　（　　　）　手を　あらいましょう。」

1　まえに　　2　のまえに　　3　あとに　　4　のあとに

12 A「東京でも　雪が　ふりますか。」

B「ええ、ふりますよ。でも、きょねんは　あまり　（　　　）。」

1　ふりませんでした　　　　2　ふりません

3　ふりました　　　　　　　4　ふります

13 （川で）

A「見て ください。小さな 魚が たくさん（　　　）よ。」

B「ほんとうですね。30ぴきくらい いますね。」

1　およぎます　　　　　　　2　およぎません

3　およぎました　　　　　　4　およいで います

14 中川「山田さんの その カメラは いいですね。どこで

　　　　かいましたか。」

山田「いえ、これは 兄に（　　　）。」

1　あげました　　　　　　　2　もらいました

3　うりました　　　　　　　4　かいました

15 たまごりょうりの じょうずな 作りかたを（　　　）読みました。

1　何に　　　　2　何も　　　　3　何かへ　　　　4　何かで

16 （電話で）

本田「はい、本田です。」

北山「あ、北山花子です。すみません、（　　　）。」

本田「はい。ちょっと まって くださいね。」

1　ひろこさんを おねがいします

2　ひろこさんを ください

3　ひろこさんと 話しますか

4　ひろこさんと 話しませんか

もんだい2　＿＿＿★＿＿に　入（はい）る　ものは　どれですか。1・2・3・4から

　　　　　　いちばん　いい　ものを　一（ひと）つ　えらんで　ください。

（もんだいれい）

　　A「＿＿＿＿　＿＿＿＿　★＿＿＿　＿＿＿＿　か。」

　　B「山田（やまだ）さんです。」

　1　です　　　　2　は　　　　　3　あの　人（ひと）　4　だれ

（こたえかた）

1．ただしい　文（ぶん）を　つくります。

┌─────────────────────────────────┐
│　　A「＿＿＿＿　＿＿＿＿　★＿＿＿　＿＿＿＿　か。」 │
│　　　　3　あの　人（ひと）　2　は　　　4　だれ　　1　です │
│   │
│　　B「山田（やまだ）さんです。」   │
└─────────────────────────────────┘

2．★＿に　入（はい）る　ばんごうを　くろく　ぬります。

　　　（かいとうようし）　　│(れい)│　① ② ③ ●　│

17　（店（みせ）で）

　　田中（たなか）　「すみません。くだもの　＿＿＿＿　＿＿＿＿　★＿＿＿　＿＿＿＿　か。」

　　店（みせ）の　人（ひと）「こちらです。」

　1　どこ　　　　2　あります　　3　は　　　　　4　に

18 A「山下さんは？」

B「となりの へやで ＿＿＿ ＿＿＿ ★ ＿＿＿ して
います。」

1 れんしゅう　　　　　　　2 の

3 ギター　　　　　　　　　4 を

19 A「会社 ＿＿＿ ＿＿＿ ★ ＿＿＿ 行って いますか。」

B「わたしは あるいて 行って います。」

1 で　　　2 は　　　3 へ　　　4 何

20 山田「ジョンさん、しゅくだいは ぜんぶ おわりましたか。」

ジョン「いいえ、まだです。ここ ＿＿＿ ＿＿＿ ★ ＿＿＿、
さいごの もんだいが むずかしいです。」

1 は　　　　　　　　　　2 かんたんでした

3 が　　　　　　　　　　4 まで

21 （本屋で）

ヤン「わたしは この 本を 買います。アンナさんは どんな
本が いいですか。」

アンナ「わたしは もう 少し ＿＿＿ ＿＿＿ ★ ＿＿＿ が
いいです。」

1 本　　　　　　　　　　2 かんたんな

3 が　　　　　　　　　　4 日本語

もんだい3 [22] から [26] に 何を 入れますか。ぶんしょうの
いみを かんがえて、1・2・3・4から いちばん いい ものを
一つ えらんで ください。

日本で べんきょうして いる 学生が 「すきな 店」の ぶんしょうを
書いて、クラスの みんなの 前で 読みました。

(1) ケンさんの ぶんしょう

> わたしは すしが すきです。日本には たくさん すし屋が
> ありますね。わたしの 国には すし屋が ありませんから、今 とても
> うれしいです。日本に [22]、いろいろな 店で 食べました。
> 学校の 前の 店は、安くて おいしいです。すしが すきな 人は、
> いっしょに [23]。

(2) ミンジさんの ぶんしょう

> わたしは えきの ちかくの 本屋が すきです。えきの ちかくの
> 本屋 [24] 大きい お店です。外国の 本も 売って います。
> わたしの 国のも [25]。そして、わたしが すきな りょうりの 本も
> 多いです。[26]、本は いつも えきの ちかくの 本屋で 買います。
> みなさんは すきな 本屋が ありますか。

22

1　行くから　　　　　　　2　行ってから

3　来るから　　　　　　　4　来てから

23

1　行きましたか　　　　　2　行きませんか

3　行って　いましたか　　4　行って　いませんか

24

1　か　　　　2　と　　　　3　の　　　　4　は

25

1　います　　2　読みます　　3　あります　　4　します

26

1　だから　　2　では　　　3　それから　　4　でも

もんだい４　つぎの　(1)から　(3)の　ぶんしょうを　読んで、　しつもんに
　　　　　　こたえて　ください。こたえは、　１・２・３・４から　いちばん
　　　　　　いい　ものを　一つ　えらんで　ください。

(1)

　わたしは　今日、友だちと　買い物に　行きました。３か月前に　見た
えいがの　ＤＶＤが　ほしかったからです。買った　ＤＶＤは、友だちや
姉と　いっしょに　見ます。

27　「わたし」は　今日、何を　しましたか。
１　友だちと　えいがを　見に　行きました。
２　友だちと　ＤＶＤを　買いに　行きました。
３　姉と　えいがを　見に　行きました。
４　姉と　ＤＶＤを　買いに　行きました。

(2)

　わたしの　へやには、テーブルが　一^{ひと}つと　いすが　二^{ふた}つと　本^{ほん}だなが　一^{ひと}つ　あります。本^{ほん}が　たくさん　ありますから、もっと　大^{おお}きい　本^{ほん}だなが　ほしいです。

28　今^{いま}の　へやは　どれですか。

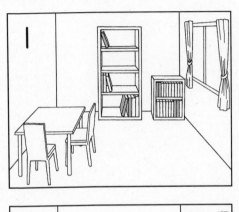

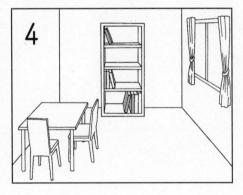

(3)

森さんの　机の　上に、山口先生の　メモと　本が　あります。

森さん

　　クラスで　使う　本を　中川先生に　かりました。
　　5ページを　25枚　コピーして　ください。
　　コピーは　南さんに　わたして　ください。
　　本は、わたしが　あした　かえしますから、わたしの
　　机の　上に　おいて　ください。

　　　　　　　　　　　　　　　　　　　　　　　　　　山口

29　森さんは　コピーを　した　あとで、本を　どうしますか。

1　クラスで　使います。

2　南さんに　わたします。

3　中川先生に　かえします。

4　山口先生の　机の　上に　おきます。

読
解

もんだい５　つぎの　ぶんしょうを　読んで、しつもんに　こたえて
　　　　　　くださ
い。こたえは、１・２・３・４から　いちばん　いい
　　　　　　ものを　一つ　えらんで　ください。

　きのうの　夜は　おそくまで　しごとを　しました。とても
つかれました。しごとの　あと、電車で　帰りました。
　家の　近くの　駅で　電車を　おりました。外は　雨でしたが、
わたしは　かさが　ありませんでした。とても　こまりました。
　駅の　人が　わたしを　見て、「あの　はこの　中の　かさを　使って
ください。」と　言いました。はこの　中には　かさが　３本　ありました。
　わたしは　「えっ、いいんですか。」と　聞きました。
　駅の　人は　「あれは　『みんなの　かさ』です。お金は　いりません。
あした、あの　はこに　かえして　ください。」と　言いました。
　わたしは　「わかりました。ありがとうございます。」と　言って、
かさを　かりて　帰りました。

30 どうして　こまりましたか。
　1　おそい　時間に　駅に　着いたから
　2　しごとが　たくさん　あったから
　3　とても　つかれたから
　4　かさが　なかったから

31 「わたし」は、あした どうしますか。

1 かさを はこの 中(なか)に 入れます。

2 かさを 駅(えき)の 人(ひと)に わたします。

3 お金(かね)を はこの 中(なか)に 入れます。

4 お金(かね)を 駅(えき)の 人(ひと)に わたします。

読
解

もんだい6　右の　ページを　見て、下の　しつもんに　こたえて　ください。

こたえは、1・2・3・4から　いちばん　いい　ものを

一つ　えらんで　ください。

32　あらきやで　トイレットペーパーと　にくと　やさいを　同じ　日に
買いたいです。いつが　安いですか。

1　6月11日（月）と　12日（火）
2　6月13日（水）と　14日（木）
3　6月15日（金）と　16日（土）
4　6月17日（日）と　18日（月）

あらきや

朝8：00～夜9：00

（電話：012‐34‐5678）

6月11日（月）～14日（木）

さとう　128円　トイレットペーパー　490円

6月15日（金）～18日（月）

しょうゆ　198円　ティッシュペーパー　290円

月・火　くだもの、魚、ジュース

水・木　とうふ、にく、やさい

金・土　パン、ぎゅうにゅう、魚、やさい

N5

ちょうかい
聴解

ぷん
(30分)

ちゅう　　　い
注　意
Notes

1. 　しけん　はじ　　　　　　もんだいようし　あ
　　試験が始まるまで、この問題用紙を開けないでください。
　　Do not open this question booklet until the test begins.

2. 　もんだいようし　も　　かえ
　　この問題用紙を持って帰ることはできません。
　　Do not take this question booklet with you after the test.

3. 　じゅけんばんごう　なまえ　した　らん　じゅけんひょう　おな　　か
　　受験番号と名前を下の欄に、受験票と同じように書いて
　　ください。
　　Write your examinee registration number and name clearly in each box below as
　　written on your test voucher.

4. 　もんだいようし　　　ぜんぶ
　　この問題用紙は、全部で14ページあります。
　　This question booklet has 14 pages.

5. 　もんだいようし
　　この問題用紙にメモをとってもいいです。
　　You may make notes in this question booklet.

じゅけんばんごう 受験番号　Examinee Registration Number	

な　まえ 名前　Name	

もんだい1

　もんだい1では、はじめに　しつもんを　きいて　ください。それから
はなしを　きいて、もんだいようしの　1から4の　なかから、いちばん
いい　ものを　ひとつ　えらんで　ください。

れい

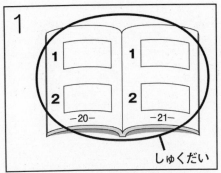

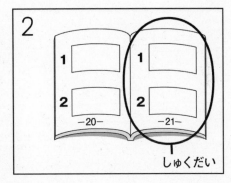

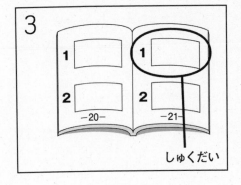

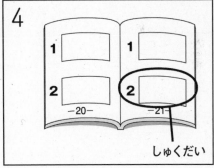

1ばん

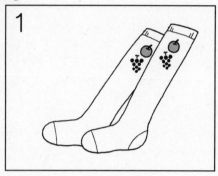

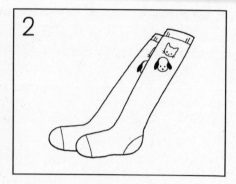

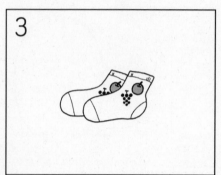

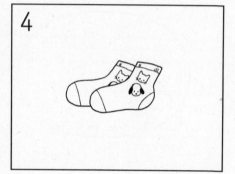

2ばん

1　1かい

2　2かい

3　3かい

4　4かい

3 ばん

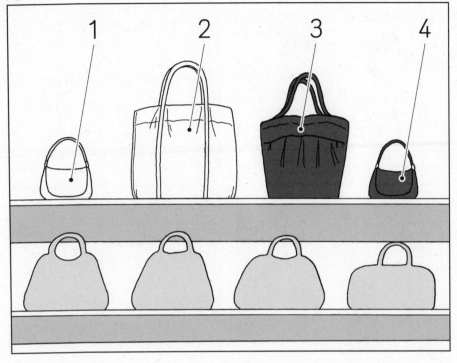

4 ばん

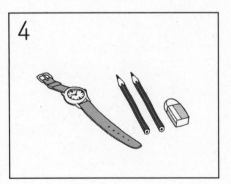

5 ばん

6 ばん

7ばん

1 1ばん

2 3ばん

3 5ばん

4 7ばん

もんだい2

　もんだい2では、はじめに　しつもんを　きいて　ください。それから
はなしを　きいて、もんだいようしの　1から4の　なかから、いちばん
いい　ものを　ひとつ　えらんで　ください。

れい

1　としょかん

2　えき

3　デパート

4　レストラン

1ばん

1 1じかん

2 2じかん

3 3じかん

4 4じかん

2ばん

1 512-7733

2 512-7734

3 512-7743

4 512-7744

3ばん

1 りょうしん

2 あね

3 いもうと

4 おとうと

4ばん

1 しょくどう

2 きっさてん

3 パンや

4 きょうしつ

5ばん

1 くろい　ボールペン

2 あかい　ボールペン

3 くろい　えんぴつ

4 あかい　えんぴつ

6ばん

1 こうえん

2 えき

3 きっさてん

4 レストラン

もんだい 3

　もんだい 3 では、えを　みながら　しつもんを　きいて　ください。

➡ （やじるし）の　ひとは　なんと　いいますか。1 から 3 の　なかから、いちばん　いい　ものを　ひとつ　えらんで　ください。

れい

1ばん

2ばん

3 ばん

4 ばん

5ばん

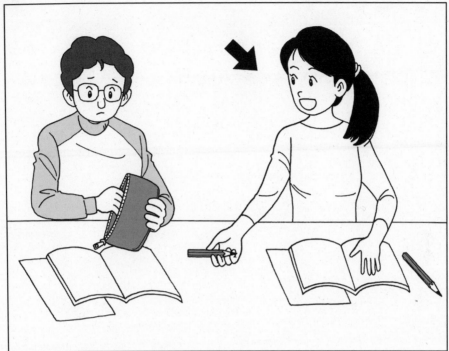

もんだい 4

もんだい 4 は、えなどが ありません。ぶんを きいて、1 から 3 の
なかから、いちばん いい ものを ひとつ えらんで ください。

− メモ −

にほんごのうりょくしけん かいとうようし

N5
げんごちしき (もじ・ごい)

じゅけんばんごう
Examinee Registration
Number

なまえ
Name

〈ちゅうい Notes〉
1. くろい えんぴつ (HB、No2) で かいて ください。
   〈ペンや ボールペンでは かかないで ください。〉
   (Use a black medium soft (HB or No.2) pencil.
   (Do not use any kind of pen.)
2. かきなおす ときは、けしゴムで きれいに けして
   ください。
   Erase any unintended marks completely.
3. きたなく したり、おったり しないで ください。
   Do not soil or bend this sheet.
4. マークれい Marking examples

よい れい Correct Example	わるい れい Incorrect Examples
●	⊘ ⊗ ◯ ◑ ⊜ ⊙ ◍

もんだい 1

1	①	②	③	④
2	①	②	③	④
3	①	②	③	④
4	①	②	③	④
5	①	②	③	④
6	①	②	③	④
7	①	②	③	④
8	①	②	③	④
9	①	②	③	④
10	①	②	③	④

もんだい 2

11	①	②	③	④
12	①	②	③	④
13	①	②	③	④
14	①	②	③	④
15	①	②	③	④
16	①	②	③	④
17	①	②	③	④
18	①	②	③	④

もんだい 3

19	①	②	③	④
20	①	②	③	④
21	①	②	③	④
22	①	②	③	④
23	①	②	③	④
24	①	②	③	④
25	①	②	③	④
26	①	②	③	④
27	①	②	③	④
28	①	②	③	④

もんだい 4

29	①	②	③	④
30	①	②	③	④
31	①	②	③	④
32	①	②	③	④
33	①	②	③	④

にほんごのうりょくしけん かいとうようし

N5

げんごちしき （ぶんぽう） ・ どっかい

じゅけんばんごう
Examinee Registration Number

なまえ
Name

<ちゅうい Notes>
1. くろい えんぴつ (HB、No.2) で かいて ください。
   (ペンや ボールペンでは かかないで ください。)
   Use a black medium soft (HB or No.2) pencil.
   (Do not use any kind of pen.)
2. かきなおす ときは、けしゴムで きれいに けして ください。
   Erase any unintended marks completely.
3. きたなく したり、おったり しないで ください。
   Do not soil or bend this sheet.
4. マークれい Marking examples

よい れい Correct Example	わるい れい Incorrect Examples
●	○○○○●○○

もんだい 1

1	①	②	③	④
2	①	②	③	④
3	①	②	③	④
4	①	②	③	④
5	①	②	③	④
6	①	②	③	④
7	①	②	③	④
8	①	②	③	④
9	①	②	③	④
10	①	②	③	④
11	①	②	③	④
12	①	②	③	④
13	①	②	③	④
14	①	②	③	④
15	①	②	③	④
16	①	②	③	④

もんだい 2

17	①	②	③	④
18	①	②	③	④
19	①	②	③	④
20	①	②	③	④
21	①	②	③	④

もんだい 3

22	①	②	③	④
23	①	②	③	④
24	①	②	③	④
25	①	②	③	④
26	①	②	③	④

もんだい 4

27	①	②	③	④
28	①	②	③	④
29	①	②	③	④

もんだい 5

30	①	②	③	④
31	①	②	③	④

もんだい 6

32	①	②	③	④

にほんごのうりょくしけん かいとうようし

N5
ちょうかい

じゅけんばんごう
Examinee Registration
Number

なまえ
Name

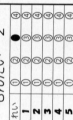

〈ちゅうい Notes〉
1. くろい えんぴつ (HB、No2) で かいて ください。
(ペンや ボールペンでは かかないで ください。)
Use a black medium soft (HB or No.2) pencil.
(Do not use any kind of pen.)
2. かきなおす ときは、けしゴムで きれいに けして ください。
Erase any unintended marks completely.
3. きたなく したり、おったり しないで ください。
Do not soil or bend this sheet.
4. マークれい Marking examples

よい れい Correct Example	わるい れい Incorrect Examples
●	⊘ ⊙ ◐ ◑ ⊖ ◯

もんだい 1

	1	2	3	4
れい	①	●	③	④
1	①	②	③	④
2	①	②	③	④
3	①	②	③	④
4	①	②	③	④
5	①	②	③	④
6	①	②	③	④
7	①	②	③	④

もんだい 2

	1	2	3	4
れい	①	●	③	④
1	①	②	③	④
2	①	②	③	④
3	①	②	③	④
4	①	②	③	④
5	①	②	③	④
6	①	②	③	④

もんだい 3

	1	2	3
れい	①	②	●
1	①	②	③
2	①	②	③
3	①	②	③
4	①	②	③
5	①	②	③

もんだい 4

	1	2	3
れい	●	②	③
1	①	②	③
2	①	②	③
3	①	②	③
4	①	②	③
5	①	②	③
6	①	②	③

2

<ruby>正答表<rt>せいとうひょう</rt></ruby>と<ruby>聴解<rt>ちょうかい</rt></ruby>スクリプト

正答表
せいとうひょう

●言語知識（文字・語彙）
げんごちしき　もじ・ごい

問題1

1	2	3	4	5	6	7	8	9	10
2	4	1	2	2	3	4	2	2	3

問題2

11	12	13	14	15	16	17	18
1	2	3	4	4	1	3	1

問題3

19	20	21	22	23	24	25	26	27	28
4	3	1	1	3	2	1	4	2	4

問題4

29	30	31	32	33
3	1	2	3	4

●言語知識（文法）・読解
げんごちしき　ぶんぽう・どっかい

問題1

1	2	3	4	5	6	7	8	9	10
2	3	2	4	3	2	3	1	3	3

11	12	13	14	15	16
1	1	4	2	4	1

問題2

17	18	19	20	21
4	1	4	2	2

問題3

22	23	24	25	26
4	2	4	3	1

問題4

27	28	29
2	3	4

問題5

30	31
4	1

問題6

32
2

● 聴解

問題1

例	1	2	3	4	5	6	7
3	2	2	3	3	1	4	4

問題2

例	1	2	3	4	5	6
3	4	3	2	4	1	3

問題3

例	1	2	3	4	5
3	1	3	2	3	2

問題4

例	1	2	3	4	5	6
2	1	1	2	3	3	1

（M：男性　F：女性）

問題1

例

クラスで先生が話しています。学生は、今日家で、どこを勉強しますか。

F：では、今日は20ページまで終わりましたから、21ページは宿題ですね。

M：全部ですか。

F：いえ、21ページの1番です。2番は、クラスでします。

学生は、今日家で、どこを勉強しますか。

1番
靴下の店で、女の人と店の人が話しています。女の人は、どの靴下を買いますか。

F：子供の靴下、ありますか。

M：はい。長いのですか、短いのですか。

F：長いのです。

M：はい。果物の絵と動物の絵があります。どちらがいいですか。

F：そうですね、動物のを下さい。

女の人は、どの靴下を買いますか。

2番
病院で、医者と女の人が話しています。女の人は、一日に何回薬を飲みますか。

M：この薬は、朝と夜、ご飯を食べたあとで飲んでください。

F：昼ご飯のあとは？

M：昼は飲まないでください。

F：はい。

M：4日間飲んでくださいね。

F：分かりました。

女の人は、一日に何回薬を飲みますか。

3番

デパートで、女の人と店の人が話しています。店の人は、どのかばんを取りますか。

F：すみません、その上の黒いかばんを取ってください。

M：どちらですか。この小さいのですか。

F：いいえ。大きいのです。

M：はい。

店の人は、どのかばんを取りますか。

4番

教室で、先生が話しています。学生は、机の上に何を置きますか。

M：今からテストをします。このテストでは、辞書を使う問題がありますから、机の上に辞書を出してください。鉛筆と消しゴムも出してください。時計は、かばんの中に入れてください。

F：先生、ノートはどうしますか。

M：ノートもかばんの中に入れてください。

学生は、机の上に何を置きますか。

5番

バスの中で、旅行会社の人が学生に話しています。学生は、始めに何をしますか。

F：皆さん、ホテルに着きました。今から1階のレストランで晩ご飯を食べます。晩ご飯は7時からです。今6時50分ですから、すぐに行ってください。皆さんの荷物は、ホテルの人が部屋に持っていきます。晩ご飯のあとは、テレビを見たり、買い物をしたりしてください。

学生は、始めに何をしますか。

6番

男の人と女の人が話しています。男の人は、何を持っていきますか。

M：来週の日曜日、海へ行きますね。何を持っていきましょうか。

F：私はおにぎりを持っていきます。

M：じゃあ僕は。

F：飲み物とお菓子をお願いします。

M：はい。飲み物とお菓子ですね。

F：あ、飲み物は重いですね。海に着いてから買いましょう。

M：そうですね。

男の人は、何を持っていきますか。

7番

バス停で、女の人とバス会社の人が話しています。女の人は、何番のバスに乗りますか。

F：すみません、1番のバスはみどり駅に行きますか。

M：いいえ、みどり駅に行くバスは3番と5番と7番ですよ。

F：そうですか。

M：あ、でも、今日は日曜日ですから、5番のバスはありません。

F：そうですか。

M：それから、3番は朝と夕方のバスですから、今の時間は7番ですね。

F：分かりました。ありがとうございます。

女の人は、何番のバスに乗りますか。

問題2

例

男の人と女の人が話しています。男の人は昨日、どこへ行きましたか。男の人です。

M：山田さん、昨日どこかへ行きましたか。

F：図書館へ行きました。

M：駅のそばの図書館ですか。

F：はい。

M：僕は山川デパートへ行って、買い物をしました。

F：え、私も昨日の夜、山川デパートのレストランへ行きましたよ。

M：そうですか。

男の人は昨日、どこへ行きましたか。

1番

大学で、男の学生と女の学生が話しています。女の学生は、今日、何時間勉強しますか。

M：山田さんはいつも何時間ぐらい勉強しますか。

F：うーん、毎日3時間ぐらいです。

M：えっ、私は毎日1時間です。

F：あ、でも、明日はテストがありますから、今日は4時間勉強します。

M：そうですか。

女の学生は、今日、何時間勉強しますか。

2番

男の人と女の人が話しています。女の人の電話番号は何番ですか。

M：あのう、山田さんの電話番号は、512-7734ですね？

F：いいえ、7734じゃなくて7743です。

M：え、ちょっと待ってください。メモします。512の。

F：7743です。

M：はい。ありがとうございました。

女の人の電話番号は何番ですか。

3番

女の学生と男の学生が話しています。男の学生は、だれと住んでいますか。

F：山田さんは、お父さんとお母さんと、一緒に住んでいますか。

M：いえ、両親は遠くに住んでいます。

F：そうですか。

M：いま、姉と一緒に住んでいます。

F：兄弟は一人ですか。

M：あ、弟もいますよ。弟は両親と一緒です。

男の学生は、だれと住んでいますか。

4番

学校で男の学生と女の学生が話しています。二人はどこで昼ご飯を食べますか。

M：もう1時ですね。何か食べませんか。

F：そうですね。でも今日は土曜日だから、学校の、食堂や喫茶店は休みですよ。

M：じゃ、パン屋でパンを買って、教室で食べましょうか。

F：そうですね。

二人はどこで昼ご飯を食べますか。

5番

教室で、先生が学生に話しています。学生は何で名前を書きますか。

F：はい、じゃあちょっと聞いてください。えー、来月のバス旅行に行きたい人は、この紙に、ボールペンで名前を書いてください。鉛筆じゃなくて、ボールペンですよ。黒で書いてください。赤で書かないでくださいね。

学生は何で名前を書きますか。

6番

女の学生と男の学生が話しています。二人は明日どこで会いますか。

F：明日の夜、一緒にサッカーを見に行きませんか。

M：いいですね。どこで会いましょうか。

F：5時に駅で会いませんか。

M：駅は人が多いですよ。

F：そうですね。じゃあ、駅の前の喫茶店はどうですか。

M：はい、そうしましょう。あ、サッカーを見てから近くのレストランで晩ご飯を食べませんか。

F：ええ。じゃ、明日5時に会いましょう。

二人は明日どこで会いますか。

問題3

例
レストランでお店の人を呼びます。何と言いますか。

F：1. いらっしゃいませ。

2. 失礼しました。

3. すみません。

1番
ご飯を食べました。何と言いますか。

F：1. ごちそうさまでした。

2. いただきます。

3. どういたしまして。

2番
電車の中です。女の人が来ました。何と言いますか。

M：1. どうもありがとう。

2. 初めまして。

3. ここ、どうぞ。

3番
家へ帰ります。友達に何と言いますか。

M：1. いってきます。

2．じゃ、また。

3．ただいま。

4番

郵便局で切手を買います。何と言いますか。

M：1．切手を買いませんか。

2．切手をどうぞ。

3．切手を下さい。

5番

友達は鉛筆がありません。友達に何と言いますか。

F：1．鉛筆、借りましょうか。

2．鉛筆、使いますか。

3．鉛筆、貸してください。

問題4

例

F：お国はどちらですか。

M：1．あちらです。

2．アメリカです。

3．部屋です。

1番

F：今日は何日ですか。

M：1．三日です。

2．3週間です。

3．3時です。

2番

M：すみません、図書館はどこですか。

F：1．あそこです。

2．6時までです。

3．本を借ります。

3番

F：明日、何時に学校に来ますか。

M：1．バスで来ます。

2．9時半です。

3．6人です。

4番

M：田中さん、その荷物を持ちましょうか。

F：1．どういたしまして。

2．持ちませんでした。

3．ありがとうございます。

5番

M：ちょっと休みませんか。

F：1．日曜日です。

2．お元気ですか。

3．そうしましょう。

6番

M：それは、何の本ですか。

F：1．料理の本です。

2．私の本です。

3．はい、そうです。

3

日本語能力試験の概要

1 日本語能力試験について

2 日本語能力試験の特徴

3 認定の目安

4 試験科目と試験（解答）時間

5 得点区分

6 試験の結果

7 尺度得点について

8 問題の構成と大問のねらい

9 よくある質問

① 日本語能力試験について

　日本語能力試験は、日本語を母語としない人の日本語能力を測定し認定する試験として、国際交流基金と日本国際教育支援協会が 1984 年に開始しました。

　試験は日本国内そして世界各地で、1 年に 2 回、一斉に実施しています。2011 年は、海外では 61 の国・地域の 198 都市、日本では 40 都道府県で実施しました。試験会場は毎年増えています。

日本語能力試験の実施都市（2011 年）

　国際交流基金が 3 年ごとに実施している「海外日本語教育機関調査」によると、海外の日本語学習者数は、1979 年には約 12 万 7 千人でしたが、2009 年には約 365 万人になりました。国内の日本語学習者数も、2009 年度には過去最高の約 17 万 1 千人[1]になりました。日本語学習者数が増えると共に、日本語能力試験の受験者数も増え、2011 年には全世界で約 61 万人が受験しました。日本語能力試験は、日本語の試験の中では世界最大規模の試験です。

日本語能力試験の受験者数と実施都市数（国内海外合計）[2]

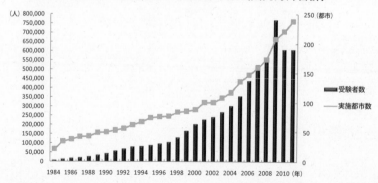

※1　文化庁「平成 21 年度国内の日本語教育の概要」より。

※2　2009 年は、試験を 1 年に 2 回実施した最初の年であり、また、試験改定前の最後の年にもあたり、過去最高の約 77 万人が受験しました。

近年、日本語能力試験の受験者層は小学生から社会人まで幅広くなり、受験目的も、実力の測定に加え、就職や昇給・昇進のため、大学や大学院などへの入学のためと、変化や拡がりが見られるようになりました。

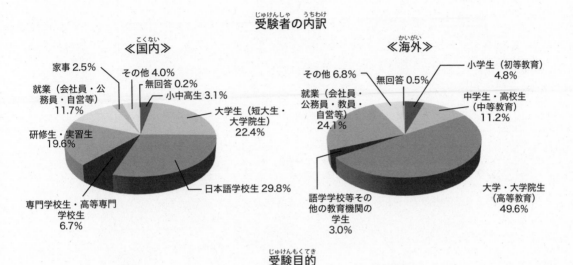

受験者の内訳

≪国内≫
- 家事 2.5%
- 就業（会社員・公務員・自営等）11.7%
- 研修生・実習生 19.6%
- 専門学校生・高等専門学校生 6.7%
- その他 4.0%
- 無回答 0.2%
- 小中高生 3.1%
- 大学生（短大生・大学院生）22.4%
- 日本語学校生 29.8%

≪海外≫
- その他 6.8%
- 就業（会社員・公務員・教員・自営等）24.1%
- 無回答 0.5%
- 小学生（初等教育）4.8%
- 中学生・高校生（中等教育）11.2%
- 大学・大学院生（高等教育）49.6%
- 語学学校等その他の教育機関の学生 3.0%

受験目的

≪国内≫

受験目的	割合
日本語の実力測定のため	60.7%
就職のため	14.0%
大学学部入試のため	11.6%
大学院入試のため	6.5%
専門学校入試のため	3.0%
奨学金申請のため	1.5%
短期大学入試のため	0.3%
その他	2.3%
無回答	0.1%
合計	100.0%

≪海外≫

受験目的	割合
自分の実力が知りたい	34.0%
自分の仕事やこれからの就職・昇給・昇進に役立つ（自分の国で）	30.7%
大学や大学院入学に必要（自分の国で）	10.8%
自分の仕事やこれからの就職・昇給・昇進に役立つ（日本で）	5.3%
大学や大学院入学に必要（日本で）	5.1%
その他の教育機関での入学や能力証明に必要（自分の国で）	4.9%
その他の教育機関での入学や能力証明に必要（日本で）	2.3%
その他	6.3%
無回答	0.6%
合計	100.0%

＊上のグラフと表は、2011年第2回（12月）試験の受験願書を通じて行った調査の結果です（回答者数：国内70,413人、海外275,674人）。

＊調査の選択項目は、それぞれの状況に合わせて作られたため、国内と海外で異なっています。

　このような変化に対応して、国際交流基金と日本国際教育支援協会は、試験開始から20年以上の間に発展してきた日本語教育学やテスト理論の研究成果と、これまでに蓄積してきた試験結果のデータなどを用いて、日本語能力試験の内容を改定し、2010年から新しい日本語能力試験を実施しています。

② 日本語能力試験の特徴

（１）課題遂行のための言語コミュニケーション能力を測ります

　日本語能力試験では、①日本語の文字や語彙、文法についてどのくらい知っているか、ということだけでなく、②その知識を利用してコミュニケーション上の課題を遂行できるか、ということも大切だと考えています。私たちが生活の中で行っている様々な「課題」のうち、言語を必要とするものを遂行するためには、言語知識だけでなく、それを実際に利用する力も必要だからです。そこで、この試験では、①を測るための「言語知識」、②を測るための「読解」「聴解」という３つの要素により、総合的に日本語のコミュニケーション能力を測っています。

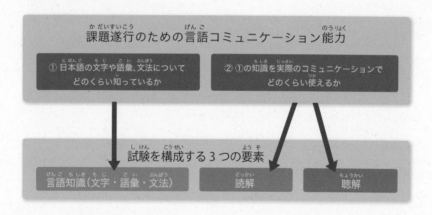

　大規模試験のため、解答は選択枝※1によるマークシート方式で行います。話したり書いたりする能力を直接測る試験科目はありません。

（２）５段階のレベルから、自分に合ったレベルが選べます

　日本語能力試験には、５段階（N1、N2、N3、N4、N5）のレベルがあります。できるだけきめ細かく日本語能力を測るために、試験問題はレベルごとに作られています。

　N4とN5では、主に教室内で学ぶ基本的な日本語がどのくらい理解できているかを測ります。N1とN2では、現実の生活の幅広い場面で使われる日本語がどのくらい理解できるかを測ります。N3は、N4、N5からN1、N2への橋渡しのレベルです。

　各レベルの詳しい説明は、次の「③ 認定の目安」を見てください。

※1　本書では、日本テスト学会での使用例にしたがって、「選択肢」ではなく「選択枝」という用語を使っています。

（3）尺度得点で日本語能力をより正確に測ります

　異なる時期に実施される試験ではどんなに慎重に問題を作成しても、試験の難易度が毎回多少変動します。そのため、試験の得点を「素点」（何問正解したかを計算する得点）で出すと、試験が難しかったときと易しかったときとでは、同じ能力でも違う得点になることがあります。そこで、日本語能力試験の得点は、素点ではなく、「尺度得点」を導入しています。尺度得点は「等化」という方法を用いた、いつも同じ尺度（ものさし）で測れるような得点です。

　尺度得点を利用することで、試験を受けたときの日本語能力をより正確に、公平に、得点に表すことができます。尺度得点についての詳しい説明は、「 7 　尺度得点について」を見てください。

（4）『日本語能力試験 Can-do 自己評価レポート』を提供します

　日本語能力試験では、2010 年と 2011 年の受験者に対して、「日本語を使ってどのようなことができると考えているか」についてのアンケート調査を行いました。そして、各レベルの合格者の回答結果を、日本語能力試験公式ウェブサイトの「日本語能力試験 Can-do 自己評価調査プロジェクト」（http://www.jlpt.jp/about/candoproject.html）で公表しています。この調査は自己評価に基づくものですから、それぞれの合格者が実際にできることやできないことを正確に表したものではありません。しかし、各レベルの合格者が、自分の日本語能力についてどう思っているかを知ることはできます。そして、受験者やまわりの人々が、「このレベルの合格者は日本語を使ってどんなことができそうか」というイメージを作るための参考にすることができます。

日本語能力試験 Can-do 自己評価レポート（N1-N3）《中間報告》 聞く

4：できる、3：難しいがなんとかできる、2：あまりできない、1：できない の4段階で自己評価してもらいました。
表の数値は、各レベルの合格者による自己評価の平均値です。項目は、N1 合格者の評価を基準に、難しいと思われているものから並べ替えました。

	N1	N2	N3
政治や経済などについてのテレビのニュースを見て、要点が理解できる	2.92	2.33	2.04
仕事や専門に関する問い合わせを聞いて、内容が理解できる	2.99	2.47	2.25
社会問題を扱ったテレビのドキュメンタリー番組を見て、話の要点が理解できる	3.09	2.50	2.23
あまりなじみのない話題の会話でも話の要点が理解できる	3.17	2.71	2.49
フォーマルな場（例歓迎会など）でのスピーチを聞いて、だいたいの内容が理解できる	3.17	2.65	2.40
最近メディアで話題になっていることについての会話で、だいたいの内容が理解できる	3.22	2.72	2.41
関心あるテーマの議論や討論で、だいたいの内容が理解できる	3.35	2.92	2.65
学校や職場の会議で、話の流れが理解できる	3.35	2.94	2.70
関心あるテーマの講義や講演を聞いて、だいたいの内容が理解できる	3.37	2.95	2.73
聞き分けない出来事（例事故など）についてのアナウンスを聞いてだいたい理解できる	3.39	2.97	2.74

　左のサンプルは 2011 年 6 月に、日本語能力試験公式ウェブサイトに掲載した『日本語能力試験 Can-do 自己評価レポート』の中間報告です[2]。レポートは、「聞く」、「話す」、「読む」、「書く」の 4 つのセクションに分かれています。

　表の数字は、各レベルの合格者による自己評価（4：できる、3：難しいがなんとかできる、2：あまりできない、1：できない）の平均値です。Can-do の項目は、難しいと評価された順に並べました。

※2　2012 年 9 月に、この調査の最終報告として、「日本語能力試験 Can-do 自己評価リスト」を日本語能力試験公式ウェブサイト（http://www.jlpt.jp/about/candolist.html）で公表しました。

③ 認定の目安

各レベルの認定の目安は下のとおりです。認定の目安を「読む」、「聞く」という言語行動で表しています。それぞれのレベルには、それぞれの言語行動を実現するための言語知識が必要です。

レベル	認定の目安
N1	**幅広い場面で使われる日本語を理解することができる** **読む**・幅広い話題について書かれた新聞の論説、評論など、論理的にやや複雑な文章や抽象度の高い文章などを読んで、文章の構成や内容を理解することができる。 ・さまざまな話題の内容に深みのある読み物を読んで、話の流れや詳細な表現意図を理解することができる。 **聞く**・幅広い場面において自然なスピードの、まとまりのある会話やニュース、講義を聞いて、話の流れや内容、登場人物の関係や内容の論理構成などを詳細に理解したり、要旨を把握したりすることができる。
N2	**日常的な場面で使われる日本語の理解に加え、より幅広い場面で使われる日本語をある程度理解することができる** **読む**・幅広い話題について書かれた新聞や雑誌の記事・解説、平易な評論など、論旨が明快な文章を読んで文章の内容を理解することができる。 ・一般的な話題に関する読み物を読んで、話の流れや表現意図を理解することができる。 **聞く**・日常的な場面に加えて幅広い場面で、自然に近いスピードの、まとまりのある会話やニュースを聞いて、話の流れや内容、登場人物の関係を理解したり、要旨を把握したりすることができる。
N3	**日常的な場面で使われる日本語をある程度理解することができる** **読む**・日常的な話題について書かれた具体的な内容を表す文章を、読んで理解することができる。 ・新聞の見出しなどから情報の概要をつかむことができる。 ・日常的な場面で目にする難易度がやや高い文章は、言い換え表現が与えられれば、要旨を理解することができる。 **聞く**・日常的な場面で、やや自然に近いスピードのまとまりのある会話を聞いて、話の具体的な内容を登場人物の関係などとあわせてほぼ理解できる。
N4	**基本的な日本語を理解することができる** **読む**・基本的な語彙や漢字を使って書かれた日常生活の中でも身近な話題の文章を、読んで理解することができる。 **聞く**・日常的な場面で、ややゆっくりと話される会話であれば、内容がほぼ理解できる。
N5	**基本的な日本語をある程度理解することができる** **読む**・ひらがなやカタカナ、日常生活で用いられる基本的な漢字で書かれた定型的な語句や文、文章を読んで理解することができる。 **聞く**・教室や、身の回りなど、日常生活の中でもよく出会う場面で、ゆっくり話される短い会話であれば、必要な情報を聞き取ることができる。

むずかしい → やさしい

④ 試験科目と試験（解答）時間

次の「⑤ 得点区分」でも述べるように、試験科目と得点区分は、分け方が異なります。

まず、実際に試験を受けるときの試験科目について、説明します。各レベルの試験科目と試験（解答）時間は下のとおりです。

レベル	試験科目 （試験［解答］時間）		
N1	言語知識（文字・語彙・文法）・読解 （110分）		聴解 （60分）
N2	言語知識（文字・語彙・文法）・読解 （105分）		聴解 （50分）
N3	言語知識（文字・語彙） （30分）	言語知識（文法）・読解 （70分）	聴解 （40分）
N4	言語知識（文字・語彙） （30分）	言語知識（文法）・読解 （60分）	聴解 （35分）
N5	言語知識（文字・語彙） （25分）	言語知識（文法）・読解 （50分）	聴解 （30分）

＊試験（解答）時間は変更される場合があります。また「聴解」は、試験問題の録音の長さによって試験（解答）時間が多少変わります。

N1とN2の試験科目は「言語知識（文字・語彙・文法）・読解」と「聴解」の2科目です。

N3、N4、N5の試験科目は「言語知識（文字・語彙）」「言語知識（文法）・読解」「聴解」の3科目です。

⑤ 得点区分

　得点は、得点区分ごとに出されます。④で説明した試験科目と得点区分とは、分け方が異なります。

　試験科目と得点区分の対応、得点の範囲は、下の表のようになっています。得点はすべて尺度得点です。尺度得点については、「⑦　尺度得点について」で説明します。

N1・N2　(総合得点の範囲：0～180点)

試験科目	言語知識（文字・語彙・文法）・読解		聴解
得点区分	言語知識（文字・語彙・文法）	読解	聴解
得点の範囲	0～60点	0～60点	0～60点

N3　(総合得点の範囲：0～180点)

試験科目	言語知識（文字・語彙）	言語知識（文法）・読解	聴解
得点区分	言語知識（文字・語彙・文法）	読解	聴解
得点の範囲	0～60点	0～60点	0～60点

N4・N5　(総合得点の範囲：0～180点)

試験科目	言語知識（文字・語彙）	言語知識（文法）・読解	聴解
得点区分	言語知識（文字・語彙・文法）・読解		聴解
得点の範囲	0～120点		0～60点

＊得点はすべて尺度得点です。

　N1、N2、N3の得点区分は「言語知識（文字・語彙・文法）」「読解」「聴解」の3区分です。
　N4とN5の得点区分は「言語知識（文字・語彙・文法）・読解」と「聴解」の2区分です。

　試験科目も、得点区分も、「言語知識」「読解」「聴解」の3つが基本ですが、より正確な日本語能力を測定するために、それぞれのレベルの学習段階の特徴に合わせ、レベルによって試験科目や得点区分の分け方を変えています。

6 試験の結果

（1）合否の判定

すべての試験科目を受験して、①すべての得点区分の得点が基準点以上で、②総合得点が合格点以上なら合格になります。各得点区分に基準点を設けるのは、「言語知識」「読解」「聴解」のどの要素の能力もそれぞれ一定程度備えているかどうか、評価するためです。得点区分の得点が1つでも基準点に達していない場合は、総合得点がどんなに高くても不合格になります。

基準点と合格点は下のとおりです。

N1・N2・N3

レベル	得点区分別得点						総合得点	
	言語知識（文字・語彙・文法）		読解		聴解		得点の範囲	合格点
	得点の範囲	基準点	得点の範囲	基準点	得点の範囲	基準点		
N1	0～60点	19点	0～60点	19点	0～60点	19点	0～180点	100点
N2	0～60点	19点	0～60点	19点	0～60点	19点	0～180点	90点
N3	0～60点	19点	0～60点	19点	0～60点	19点	0～180点	95点

N4・N5

レベル	得点区分別得点				総合得点	
	言語知識（文字・語彙・文法）・読解		聴解		得点の範囲	合格点
	得点の範囲	基準点	得点の範囲	基準点		
N4	0～120点	38点	0～60点	19点	0～180点	90点
N5	0～120点	38点	0～60点	19点	0～180点	80点

＊得点はすべて尺度得点です。

例えば、N1の場合、すべての得点区分が19点以上で、総合得点が100点以上なら、合格になりますが、得点区分が1つでも18点以下であったり、総合得点が99点以下であった場合は、不合格になります。

（2）試験結果の通知

　受験者には、「合否結果通知書」を送ります。この通知書には、「合格」「不合格」のほかに、下の図の例のように、①「得点区分別得点」と②得点区分別の得点を合計した「総合得点」、③今後の日本語学習のための「参考情報」が記されています。③「参考情報」は合否判定の対象ではありません。

合否結果通知書サンプル（N1〜N3用）

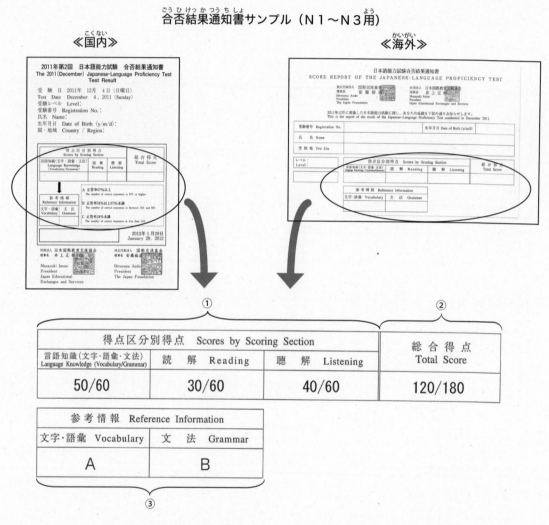

≪国内≫　　　　　　　　　　　　　　　　　　≪海外≫

①

②

得点区分別得点　Scores by Scoring Section			総合得点 Total Score
言語知識（文字・語彙・文法） Language Knowledge (Vocabulary/Grammar)	読　解　Reading	聴　解　Listening	
50/60	30/60	40/60	120/180

参考情報　Reference Information	
文字・語彙　Vocabulary	文　法　Grammar
A	B

③

　③「参考情報」は、得点区分が複数の部分を含んでいるとき、つまり、N1、N2、N3は「文字・語彙」と「文法」について、N4とN5では「文字・語彙」「文法」「読解」について、記されます。ここに挙げた例では、「言語知識（文字・語彙・文法）」について、参考情報を見ると「文字・語彙」はAで、「文法」はBだったことがわかります。A、B、Cの段階は、次の正答率を示しています。

A 正答率 67% 以上
B 正答率 34% 以上 67% 未満
C 正答率 34% 未満

　この「正答率」とは、それぞれの部分の全問題数の中で、正解した問題数の割合のことです。「いくつの問題に正しく答えたか」を表し、⑦で説明する尺度得点とは異なる方法で出しています。この「参考情報」は、合否判定には直接関係ありません。受験者が自分の能力の傾向を知ることによって、今後の日本語の学習の参考にすることができます。

⑦ 尺度得点について

(1)「素点」と「尺度得点」

　日本語能力試験の得点は「尺度得点」で出しています。

　試験には、得点を「素点」で出す方法もあります。「素点」は、いくつの問題に正しく答えたかをもとに計算する得点です。例えば、1つ2点の問題があって、正しく答えた問題数が10だったら20点、というように出します。しかし、試験問題は毎回変わるため、問題の難易度を毎回完全に一定に保つことはとても難しいです。ですから、素点では、試験問題が難しかったときの「10問正解・20点」と、試験問題が易しかったときの「10問正解・20点」が表す日本語能力は異なることになります。逆に言えば、同じ日本語能力の受験者であっても、試験問題が難しかったときと易しかったときとで、同じ得点にはなりません。

　これに対して、日本語能力試験では、受験者の日本語能力と試験結果を、より公平に対応づけるため、異なる時期に実施された試験でも、いつも同じ尺度（ものさし）で測れるような得点の出し方をしています。これを「尺度得点」と言います。

(2) 尺度得点の利点

　尺度得点には、「試験の難易度と独立して日本語能力を評価し、統一の尺度に基づいて数値化できる」という、能力測定の方法論上、大変有益な特長があります。この特長により、受験者の日本語能力が同じなら、いつの試験を受験しても、同じ得点になります。また、同じレベルの得点なら、異なる回の試験で出された「尺度得点の差」を「日本語能力の差」として考えることが可能になります。

（3）尺度得点の算出過程

　尺度得点を算出する具体的な方法は、「項目応答理論 (Item Response Theory; IRT)」という統計的テスト理論に基づいています。この手続きは、素点の算出法とは全く異なります。

　まず、受験者一人一人が、それぞれの問題にどのように答えたか（正解したか、まちがったか）を調べます。それにより、受験者一人一人について「解答のパターン」が出ます。このそれぞれの「解答のパターン」を、各レベルの各得点区分のために作られた尺度（ものさし）の上に位置づけて、得点を出していきます。例えば、下の図のように、10問の試験問題で構成される試験では、どの問題に正解したか、まちがったかについて、最大で $2^{10} = 1,024$ 通りの解答パターンが存在します。日本語能力試験の場合、「⑤　得点区分」で述べたように、1つの得点区分は 0 ～ 60 点（N4 と N5 の「言語知識（文字・語彙・文法）・読解」では 0 ～ 120 点）の尺度になっています。ここに、解答パターンを位置づけていきます。つまり、10問の場合、最大で 1,024 通りある解答パターンを 61 のグループに分類することになります。実際の試験では、問題の数がもっと多いので、解答パターンの数ももっと多くなります。そのため、ある2名の受験者について、互いに正答数や解答パターンは違っていても、同じ尺度得点になる場合もあります。逆に、正答数は同じでも解答パターンが異なるため、尺度得点が異なる場合もあります。

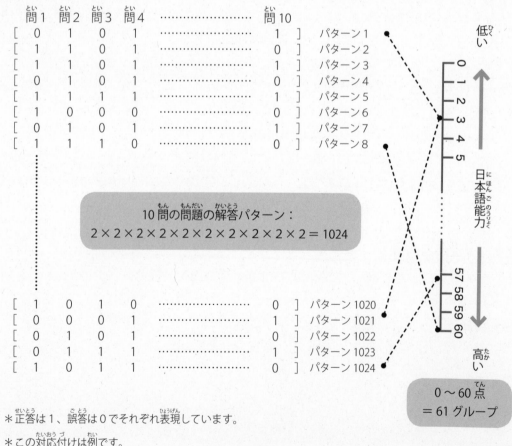

10問の問題の解答パターン：
$2 \times 2 \times 2 \times 2 \times 2 \times 2 \times 2 \times 2 \times 2 \times 2 = 1024$

0 ～ 60 点
= 61 グループ

＊正答は 1、誤答は 0 でそれぞれ表現しています。

＊この対応付けは例です。

⑧ 問題の構成と大問のねらい

（1）問題の構成

各レベルで出題する問題の構成は下のとおりです。

試験科目		大問*	小問数**				
			N1	N2	N3	N4	N5
言語知識・読解	文字・語彙	漢字読み	6	5	8	9	12
		表記	—	5	6	6	8
		語形成	—	5	—	—	—
		文脈規定	7	7	11	10	10
		言い換え類義	6	5	5	5	5
		用法	6	5	5	5	—
		小問数合計	25	32	35	35	35
	文法	文の文法1（文法形式の判断）	10	12	13	15	16
		文の文法2（文の組み立て）	5	5	5	5	5
		文章の文法	5	5	5	5	5
		小問数合計	20	22	23	25	26
	読解***	内容理解（短文）	4	5	4	4	3
		内容理解（中文）	9	9	6	4	2
		内容理解（長文）	4	—	4	—	—
		統合理解	3	2	—	—	—
		主張理解（長文）	4	3	—	—	—
		情報検索	2	2	2	2	1
		小問数合計	26	21	16	10	6
聴解		課題理解	6	5	6	8	7
		ポイント理解	7	6	6	7	6
		概要理解	6	5	3	—	—
		発話表現	—	—	4	5	5
		即時応答	14	12	9	8	6
		統合理解	4	4	—	—	—
		小問数合計	37	32	28	28	24

＊ 「大問」とは、各試験科目で出題する問題を、測ろうとしている能力ごとにまとめたものです。

＊＊ 「小問数」は毎回の試験で出題される小問数の目安で、実際の試験での出題数は多少異なる場合があります。

　また、小問数は変更されることがあります。

＊＊＊ 「読解」では、1つのテキスト（本文）に対して、複数の問題がある場合もあります。

（2）大問のねらい

下の表は、各レベルの「大問のねらい」を具体的に説明したものです。（「大問のねらい」の多言語翻訳版は、日本語能力試験公式ウェブサイト〈www.jlpt.jp〉に載っています。）

N 1

試験科目 （試験時間）			問題の構成		
			大問	小問数*	ねらい
言語知識・読解 （110分）	文字・語彙	1	漢字読み	6	漢字で書かれた語の読み方を問う
		2	文脈規定	7	文脈によって意味的に規定される語が何であるかを問う
		3	言い換え類義	6	出題される語や表現と意味的に近い語や表現を問う
		4	用法	6	出題語が文の中でどのように使われるのかを問う
	文法	5	文の文法1 （文法形式の判断）	10	文の内容に合った文法形式かどうかを判断することができるかを問う
		6	文の文法2 （文の組み立て）	5	統語的に正しく、かつ、意味が通る文を組み立てることができるかを問う
		7	文章の文法	5	文章の流れに合った文かどうかを判断することができるかを問う
	読解**	8	内容理解 （短文）	4	生活・仕事などいろいろな話題も含め、説明文や指示文など200字程度のテキストを読んで、内容が理解できるかを問う
		9	内容理解 （中文）	9	評論、解説、エッセイなど500字程度のテキストを読んで、因果関係や理由などが理解できるかを問う
		10	内容理解 （長文）	4	解説、エッセイ、小説など1000字程度のテキストを読んで、概要や筆者の考えなどが理解できるかを問う
		11	統合理解	3	複数のテキスト（合計600字程度）を読み比べて、比較・統合しながら理解できるかを問う
		12	主張理解 （長文）	4	社説、評論など抽象性・論理性のある1000字程度のテキストを読んで、全体として伝えようとしている主張や意見がつかめるかを問う
		13	情報検索	2	広告、パンフレット、情報誌、ビジネス文書などの情報素材（700字程度）の中から必要な情報を探し出すことができるかを問う
聴解 （60分）		1	課題理解	6	まとまりのあるテキストを聞いて、内容が理解できるかどうかを問う（具体的な課題解決に必要な情報を聞き取り、次に何をするのが適当か理解できるかを問う）
		2	ポイント理解	7	まとまりのあるテキストを聞いて、内容が理解できるかどうかを問う（事前に示されている聞くべきことをふまえ、ポイントを絞って聞くことができるかを問う）
		3	概要理解	6	まとまりのあるテキストを聞いて、内容が理解できるかどうかを問う（テキスト全体から話者の意図や主張などが理解できるかを問う）
		4	即時応答	14	質問などの短い発話を聞いて、適切な応答が選択できるかを問う
		5	統合理解	4	長めのテキストを聞いて、複数の情報を比較・統合しながら、内容が理解できるかを問う

* 「小問数」は毎回の試験で出題される小問数の目安で、実際の試験での出題数は多少異なる場合があります。また、小問数は変更される場合があります。

** 「読解」では、1つのテキスト（本文）に対して、複数の問題がある場合もあります。

N2

試験科目 (試験時間)			問題の構成		
			大問	小問数*	ねらい
言語知識 ・ 読解 (105分)	文字・語彙	1	漢字読み	5	漢字で書かれた語の読み方を問う
		2	表記	5	ひらがなで書かれた語が、漢字でどのように書かれるかを問う
		3	語形成	5	派生語や複合語の知識を問う
		4	文脈規定	7	文脈によって意味的に規定される語が何であるかを問う
		5	言い換え類義	5	出題される語や表現と意味的に近い語や表現を問う
		6	用法	5	出題語が文の中でどのように使われるのかを問う
	文法	7	文の文法1 (文法形式の判断)	12	文の内容に合った文法形式かどうかを判断することができるかを問う
		8	文の文法2 (文の組み立て)	5	統語的に正しく、かつ、意味が通る文を組み立てることができるかを問う
		9	文章の文法	5	文章の流れに合った文かどうかを判断することができるかを問う
	読解**	10	内容理解 (短文)	5	生活・仕事などいろいろな話題も含め、説明文や指示文など200字程度のテキストを読んで、内容が理解できるかを問う
		11	内容理解 (中文)	9	比較的平易な内容の評論、解説、エッセイなど500字程度のテキストを読んで、因果関係や理由、概要や筆者の考え方などが理解できるかを問う
		12	統合理解	2	比較的平易な内容の複数のテキスト(合計600字程度)を読み比べて、比較・統合しながら理解できるかを問う
		13	主張理解 (長文)	3	論理展開が比較的明快な評論など、900字程度のテキストを読んで、全体として伝えようとしている主張や意見がつかめるかを問う
		14	情報検索	2	広告、パンフレット、情報誌、ビジネス文書などの情報素材(700字程度)の中から必要な情報を探し出すことができるかを問う
聴解 (50分)		1	課題理解	5	まとまりのあるテキストを聞いて、内容が理解できるかどうかを問う(具体的な課題解決に必要な情報を聞き取り、次に何をするのが適当か理解できるかを問う)
		2	ポイント理解	6	まとまりのあるテキストを聞いて、内容が理解できるかどうかを問う(事前に示されている聞くべきことをふまえ、ポイントを絞って聞くことができるかを問う)
		3	概要理解	5	まとまりのあるテキストを聞いて、内容が理解できるかどうかを問う(テキスト全体から話者の意図や主張などが理解できるかを問う)
		4	即時応答	12	質問などの短い発話を聞いて、適切な応答が選択できるかを問う
		5	統合理解	4	長めのテキストを聞いて、複数の情報を比較・統合しながら、内容が理解できるかを問う

＊ 「小問数」は毎回の試験で出題される小問数の目安で、実際の試験での出題数は多少異なる場合があります。また、小問数は変更される場合があります。

＊＊ 「読解」では、1つのテキスト（本文）に対して、複数の問題がある場合もあります。

N3

試験科目 (試験時間)			問題の構成		
			大問	*小問数	ねらい
言語知識 (30分)	文字・語彙	1	漢字読み	8	漢字で書かれた語の読み方を問う
		2	表記	6	ひらがなで書かれた語が、漢字でどのように書かれるかを問う
		3	文脈規定	11	文脈によって意味的に規定される語が何であるかを問う
		4	言い換え類義	5	出題される語や表現と意味的に近い語や表現を問う
		5	用法	5	出題語が文の中でどのように使われるのかを問う
言語知識 ・ 読解 (70分)	文法	1	文の文法1 (文法形式の判断)	13	文の内容に合った文法形式かどうかを判断することができるかを問う
		2	文の文法2 (文の組み立て)	5	統語的に正しく、かつ、意味が通る文を組み立てることができるかを問う
		3	文章の文法	5	文章の流れに合った文かどうかを判断することができるかを問う
	**読解	4	内容理解 (短文)	4	生活・仕事などいろいろな話題も含め、説明文や指示文など150〜200字程度の書き下ろしのテキストを読んで、内容が理解できるかを問う
		5	内容理解 (中文)	6	書き下ろした解説、エッセイなど350字程度のテキストを読んで、キーワードや因果関係などが理解できるかを問う
		6	内容理解 (長文)	4	解説、エッセイ、手紙など550字程度のテキストを読んで、概要や論理の展開などが理解できるかを問う
		7	情報検索	2	広告、パンフレットなどの書き下ろした情報素材(600字程度)の中から必要な情報を探し出すことができるかを問う
聴解 (40分)		1	課題理解	6	まとまりのあるテキストを聞いて、内容が理解できるかどうかを問う(具体的な課題解決に必要な情報を聞き取り、次に何をするのが適当か理解できるかを問う)
		2	ポイント理解	6	まとまりのあるテキストを聞いて、内容が理解できるかどうかを問う(事前に示されている聞くべきことをふまえ、ポイントを絞って聞くことができるかを問う)
		3	概要理解	3	まとまりのあるテキストを聞いて、内容が理解できるかどうかを問う(テキスト全体から話者の意図や主張などが理解できるかを問う)
		4	発話表現	4	イラストを見ながら、状況説明を聞いて、適切な発話が選択できるかを問う
		5	即時応答	9	質問などの短い発話を聞いて、適切な応答が選択できるかを問う

* 「小問数」は毎回の試験で出題される小問数の目安で、実際の試験での出題数は多少異なる場合があります。また、小問数は変更される場合があります。

** 「読解」では、1つのテキスト(本文)に対して、複数の問題がある場合もあります。

N4

試験科目 （試験時間）			問題の構成		
			大問	小問数*	ねらい
言語知識 （30分）	文字・語彙	1	漢字読み	9	漢字で書かれた語の読み方を問う
		2	表記	6	ひらがなで書かれた語が、漢字でどのように書かれるかを問う
		3	文脈規定	10	文脈によって意味的に規定される語が何であるかを問う
		4	言い換え類義	5	出題される語や表現と意味的に近い語や表現を問う
		5	用法	5	出題語が文の中でどのように使われるのかを問う
言語知識・読解 （60分）	文法	1	文の文法1 （文法形式の判断）	15	文の内容に合った文法形式かどうかを判断することができるかを問う
		2	文の文法2 （文の組み立て）	5	統語的に正しく、かつ、意味が通る文を組み立てることができるかを問う
		3	文章の文法	5	文章の流れに合った文かどうかを判断することができるかを問う
	読解**	4	内容理解 （短文）	4	学習・生活・仕事に関連した話題・場面の、やさしく書き下ろした100〜200字程度のテキストを読んで、内容が理解できるかを問う
		5	内容理解 （中文）	4	日常的な話題・場面を題材にやさしく書き下ろした450字程度のテキストを読んで、内容が理解できるかを問う
		6	情報検索	2	案内やお知らせなど書き下ろした400字程度の情報素材の中から必要な情報を探し出すことができるかを問う
聴解 （35分）		1	課題理解	8	まとまりのあるテキストを聞いて、内容が理解できるかどうかを問う（具体的な課題解決に必要な情報を聞き取り、次に何をするのが適当か理解できるかを問う）
		2	ポイント理解	7	まとまりのあるテキストを聞いて、内容が理解できるかどうかを問う（事前に示されている聞くべきことをふまえ、ポイントを絞って聞くことができるかを問う）
		3	発話表現	5	イラストを見ながら、状況説明を聞いて、適切な発話が選択できるかを問う
		4	即時応答	8	質問などの短い発話を聞いて、適切な応答が選択できるかを問う

* 「小問数」は毎回の試験で出題される小問数の目安で、実際の試験での出題数は多少異なる場合があります。また、小問数は変更される場合があります。

** 「読解」では、1つのテキスト（本文）に対して、複数の問題がある場合もあります。

N5

試験科目 (試験時間)		問題の構成		
		大問	小問数*	ねらい
言語知識 （25分）	文字・語彙	1 漢字読み	12	漢字で書かれた語の読み方を問う
		2 表記	8	ひらがなで書かれた語が、漢字・カタカナでどのように書かれるかを問う
		3 文脈規定	10	文脈によって意味的に規定される語が何であるかを問う
		4 言い換え類義	5	出題される語や表現と意味的に近い語や表現を問う
言語知識・読解 （50分）	文法	1 文の文法1 （文法形式の判断）	16	文の内容に合った文法形式かどうかを判断することができるかを問う
		2 文の文法2 （文の組み立て）	5	統語的に正しく、かつ、意味が通る文を組み立てることができるかを問う
		3 文章の文法	5	文章の流れに合った文かどうかを判断することができるかを問う
	読解**	4 内容理解 （短文）	3	学習・生活・仕事に関連した話題・場面の、やさしく書き下ろした80字程度のテキストを読んで、内容が理解できるかを問う
		5 内容理解 （中文）	2	日常的な話題・場面を題材にやさしく書き下ろした250字程度のテキストを読んで、内容が理解できるかを問う
		6 情報検索	1	案内やお知らせなど書き下ろした250字程度の情報素材の中から必要な情報を探し出すことができるかを問う
聴解 （30分）		1 課題理解	7	まとまりのあるテキストを聞いて、内容が理解できるかどうかを問う（具体的な課題解決に必要な情報を聞き取り、次に何をするのが適当か理解できるかを問う）
		2 ポイント理解	6	まとまりのあるテキストを聞いて、内容が理解できるかどうかを問う（事前に示されている聞くべきことをふまえ、ポイントを絞って聞くことができるかを問う）
		3 発話表現	5	イラストを見ながら、状況説明を聞いて、適切な発話が選択できるかを問う
		4 即時応答	6	質問などの短い発話を聞いて、適切な応答が選択できるかを問う

* 「小問数」は毎回の試験で出題される小問数の目安で、実際の試験での出題数は多少異なる場合があります。また、小問数は変更される場合があります。

** 「読解」では、1つのテキスト（本文）に対して、複数の問題がある場合もあります。

⑨ よくある質問

（1）試験で測る能力について

> **Q** 「課題遂行のための言語コミュニケーション能力」というのはどういうことですか。
> 「課題」の意味も教えてください。
>
> **A** 私たちは生活の中で、例えば「地図を見ながら目的の場所まで行く」とか「説明書を読みながら電気製品を使う」というような様々な「課題」に取り組んでいます。「課題」の中には、言語を必要とするものと、そうでないものがあります。
> 言語を必要とする「課題」を遂行するためには、文字・語彙・文法といった言語知識だけでなく、その言語知識を利用してコミュニケーション上の課題を遂行する能力も大切です。「課題遂行のための言語コミュニケーション能力」は、この両方を含んでいます。日本語能力試験では、文字・語彙・文法などの言語知識と、読む・聞くなどの言語行動（課題）がどこまでできるかという能力を総合的に測っています。
> 日本語能力試験の改定にあたり、旧試験[1]の応募者に、受験願書を通じて、所属や受験目的などについてのアンケート調査を行いました。その調査結果から、「学習」「就業」「生活」の３つの領域において、日本語学習者が日本語を用いて、どんなことを行っているか、または将来行うと予想されるか、という「課題」を推測しました。この「課題」は、日本語能力試験の応募者のうち、約８割が海外の応募者であることも考慮して、学習者が多様な学習環境で出会う、現実の場面の様々なトピックを想定しています。

（2）レベルについて

> **Q1** 受験するレベルはどのように決めればいいですか。
>
> **A1** 68ページの「認定の目安」を参考にしてください。また、この『日本語能力試験公式問題集』で実際に試験に出る同じ形式の問題を解きながら、具体的にレベルを確かめることもできます。
> また、旧試験を受けたことがあったり、旧試験の情報がある場合、今の試験のレベルは、旧試験の級と合否判定水準（合格ライン）において対応していますので、それも手がかりになります。

※1 2009年までの、改定前の日本語能力試験のこと。

Q2 日本語能力試験は、2010 年に改定されたとき、問題形式が変更されたり新しい問題形式が追加されたりしましたが、今の試験のレベルと旧試験の級とはどのように合わせたのですか。

A2 今の試験では、統計分析の結果を踏まえて、合否判定水準（合格ライン）が旧試験とほぼ同じになるように設定しました。これにより、旧試験の 1 級、2 級、3 級、4 級に合格できる日本語能力を持った受験者は、それぞれ今の試験の N1、N2、N4、N5 に合格できる日本語能力を持っていると解釈できます。2010 年に新設された N3 については、旧試験の 2 級と 3 級の合否判定水準における日本語能力レベルを統計学的に分析し、この間に N3 の合格点が収まるように設定しました。

＜参考＞今の試験のレベルと旧試験の級の対応

N1	旧試験の 1 級とほぼ同じ。
N2	旧試験の 2 級とほぼ同じ。
N3	旧試験の 2 級と 3 級の間。
N4	旧試験の 3 級とほぼ同じ。
N5	旧試験の 4 級とほぼ同じ。

（3）試験科目や試験時間について

Q1 N3、N4、N5 では、「言語知識」が、「言語知識（文字・語彙）」と「言語知識（文法）・読解」のように 2 つの試験科目に分かれているのはどうしてですか。

A1 N3、N4、N5 は習得した言語知識がまだ少ないため、試験に出せる語彙や文法の項目が限られています。そのため、N1 と N2 のように 1 つの試験科目にまとめると、いくつかの問題がほかの問題のヒントになることがあります。このことを避けるために、N3、N4、N5 では「言語知識（文字・語彙）」と「言語知識（文法）・読解」の 2 つの試験科目に分けています。

Q2 日本語能力試験には、会話や作文の試験がありますか。

A2 現段階ではどちらもありません。

（4）試験問題について

Q1 日本語能力試験の解答方法は、すべてマークシートですか。

A1 はい、多枝選択によるマークシート方式です。選択枝の数はほとんど4つですが、「聴解」では3つの問題もあります。

Q2 N1とN2の「聴解」の最後の問題で、問題文に、「この問題には練習はありません」と書かれています。これはどういう意味ですか。

A2 「聴解」のほかの問題には、受験者に問題形式や答え方を理解してもらうための例題がありますが、最後の問題にはそのような例題の練習がない、ということです。

Q3 日本語能力試験では、日本に関する文化的な知識が必要な問題が出題されますか。

A3 日本に関する文化的な知識そのものを問う問題はありません。文化的な内容が問題に含まれる場合もありますが、その知識がなければ解答できないような問題は出題していません。

（5）試験のための勉強について

Q1 過去に出題された試験問題は出版されますか。

A1 毎回の試験をそのまま問題集として出版することはしませんが、今後も一定期間ごとに、過去に出題した試験問題を使って問題集を発行する予定です。発行時期などは、日本語能力試験公式ウェブサイト〈www.jlpt.jp〉などで発表します。

Q2 2010年に試験が改定されてから、『出題基準』が非公開になったのはなぜですか。

A2 日本語学習の最終目標は、語彙や漢字、文法項目を暗記するだけではなく、それらをコミュニケーションの手段として実際に利用できるようになることだと考えています。日本語能力試験では、その考え方から、「日本語の文字・語彙・文法といった言語知識」と共に、「その言語知識を利用して、コミュニケーション上の課題を遂行する能力」を測っています。そのため、語彙や漢字、文法項目のリストが掲載された『出題基準』の公開は必ずしも適切ではないと判断しました。

『出題基準』の代わりの情報として、「認定の目安」（68ページ）や「問題の構成と

大問のねらい」（75〜80ページ）があります。公開している問題例も参考にして
ください。また、今の試験のレベルは、旧試験の級と、合否判定水準（合格ライン）
において対応していますので、旧試験の試験問題や『出題基準』も手がかりになり
ます。

（6）申し込みと受験の手続きについて

Q1 試験は年に何回実施されますか。

A1 7月と12月の2回です。ただし海外では、7月の試験だけ実施する都市や、12月
の試験だけ実施する都市があります。詳しくは、日本語能力試験公式ウェブサイト
〈www.jlpt.jp〉を見てください。

Q2 試験の日は決まっていますか。

A2 7月と12月の初旬の日曜日に行います。（ただし海外では、7月の試験だけ実施す
る都市や、12月の試験だけ実施する都市があります。）

Q3 一部の試験科目だけ申し込むことはできますか。

A3 できません。

Q4 自分が住んでいる国や都市で日本語能力試験が実施されるかどうか、どうすればわ
かりますか。

A4 日本語能力試験の海外の実施国・地域や実施都市については、日本語能力試験公式
ウェブサイト〈www.jlpt.jp〉で確認できます。日本国内の実施都道府県については、
日本国際教育支援協会の日本語能力試験ウェブサイト〈info.jees-jlpt.jp〉で確認で
きます。

Q5 申し込みのとき、試験を受けたい国・地域にいませんが、どうしたらいいですか。

A5 必ず、受験地の実施機関に申し込みをしてください。自分で申し込みができなかっ
たら、受験地の友達や知っている人に頼んでください。

Q6 日本語能力試験はどんな人が受験できますか。

A6 母語が日本語でない人なら、だれでも受験できます。年齢制限もありません。

Q7 日本国籍を持っていますが母語は日本語ではありません。受験はできますか。

A7 母語が日本語でない人なら、だれでも受験できます。日本国籍を持っているかどうかは関係がありません。言語を使う状況は人によって違うので、その人の母語が日本語でないかどうかは、申し込みを受け付ける実施機関が判断します。迷ったら、実施機関に相談してください。

Q8 身体等に障害がある人の受験はできますか。

A8 はい、できます。身体等に障害がある人のために、受験特別措置を行っています。受験地の実施機関に問い合わせてください。受験特別措置を希望する人は、申し込みのとき、願書と共に「受験特別措置申請書」を提出することが必要です。

（7）得点と合否判定について

Q1 試験の結果を受け取ると、N4、N5では、試験科目が別々だった「言語知識（文字・語彙)」と「言語知識（文法)・読解」が、1つの得点区分にまとまっています。なぜですか。

A1 日本語学習の基礎段階にあるN4、N5では、「言語知識」と「読解」の能力で重なる部分、未分化な部分が多いので、「言語知識」と「読解」の得点を別々に出すよりも、合わせて出す方が学習段階の特徴に合っていると考えたためです。

Q2 それぞれの得点区分の中で、各問題の配点はどのようになっていますか。

A2 試験の中には、各問題の配点を決めておき、正解した問題の配点を合計して、得点を出す方式もありますが、日本語能力試験では、「項目応答理論」に基づいた尺度得点方式なので、問題ごとの配点を合計するという方法ではありません。尺度得点についての説明は73～74ページを見てください。

Q3 結果通知をもらい、得点はわかりましたが、自分が受験者全体の中でどのくらいの位置だったのか知りたいです。

A3 日本語能力試験公式ウェブサイト〈www.jlpt.jp〉に、「尺度得点累積分布図」というグラフが載っています。合否結果通知書に書かれている尺度得点とこのグラフを使うと、自分と同じ試験を受けた受験者全体の中で、自分がどの位置にいるかを知ることができます。

Q4 試験の問題用紙は、試験終了後、持ち帰ることができますか。

A4 試験の問題用紙を持ち帰ることはできません。問題用紙を持ち帰ると失格になります。

Q5 試験が終わった後で、正解を知ることはできますか。

A5 正解は公開していません。

Q6 成績をもらったら、思っていた得点と違ったのですが、確かめてもらえますか。

A6 一人一人の得点は、機械処理だけではなく、専門家による厳正な点検をして出しています。受験案内に明記されているように、個別の成績に関する問い合わせには、一切答えられません。

なお、日本語能力試験の得点は「尺度得点」という得点です。「尺度得点」は、73〜74ページの説明のとおり、受験者一人一人の「解答のパターン」をもとに出す得点です。「正しく答えた数」から出される得点ではありません。そのため、自分で思っていた得点とは違う結果になることもあります。

（8）試験の結果通知について

Q1 試験の結果はいつ、どのようにもらえますか。

A1 受験者全員に、合否結果通知書を送ります。日本国内の場合、第1回（7月）試験の結果は9月上旬、第2回（12月）試験の結果は2月上旬に送る予定です。海外の場合は、受験地の実施機関を通じて送りますので、第1回（7月）試験の結果は10月上旬、第2回（12月）試験の結果は3月上旬に受験者に届く予定です。また、2012年からは、インターネットで試験結果を見られるようになる予定です。詳し

くは、2012 年 9 月上旬に日本語能力試験公式ウェブサイト〈www.jlpt.jp〉に掲載します。（ただし、日本国内ではインターネット〈info.jees-jlpt.jp〉による申し込みを行った受験者だけが、試験結果を見ることができます。）

Q2 日本語能力試験の認定に有効期限はありますか。

A2 日本語能力試験の認定に有効期限はありません。また、旧試験の結果（認定）も無効にはなりません。ただし、試験の結果を参考にする企業や教育機関が有効期限を決めている場合があるようです。必要に応じて企業や教育機関に個別に確認してください。

Q3 日本語能力試験の結果は、日本の大学で入学試験の参考資料として使われますか。また、就職のときに役に立ちますか。

A3 日本の大学では、原則として独立行政法人日本学生支援機構が実施する「日本留学試験」の結果を参考にしています。「日本留学試験」を実施していない国・地域からの留学生のために、日本語能力試験の結果を参考にする場合もあります。詳しくは、入学を希望する大学に直接問い合わせてください。また、就職のときの扱いについては、就職したいと考えている企業に直接問い合わせてください。

Q4 勤務先から日本語能力を公的に証明できる書類を提出するように言われました。過去の受験結果について、証明書の発行が受けられますか。

A4 所定の手続きを行えば、希望者には「日本語能力試験認定結果及び成績に関する証明書」を発行しています。申請方法は、日本で受験した人は日本国際教育支援協会のウェブサイト〈info.jees-jlpt.jp〉を見てください。海外で受験した人は日本語能力試験公式ウェブサイト〈www.jlpt.jp〉を見てください。

Q5 合否結果通知書や日本語能力認定書をなくしてしまったのですが。

A5 再発行はできませんが、その代わりに「日本語能力試験認定結果及び成績に関する証明書」を発行することはできます。申請方法は、日本で受験した人は日本国際教育支援協会のウェブサイト〈info.jees-jlpt.jp〉を見てください。海外で受験した人は日本語能力試験公式ウェブサイト〈www.jlpt.jp〉を見てください。

（9）『日本語能力試験 Can-do 自己評価レポート』について

Q1 「認定の目安」と『日本語能力試験 Can-do 自己評価レポート』はどのように違うのですか。

A1 「認定の目安」は日本語能力試験が各レベルで求めている能力水準を示すものです。これに対して、『日本語能力試験 Can-do 自己評価レポート』は受験者からの情報です。各レベルの合格者が「自分は日本語でこういうことができると思う」と考えている内容を表しています。つまり、合格の基準やレベルの水準ではありません。「このレベルの合格者は日本語を使ってどんなことができそうか」というイメージを作るための参考にしてください。

Q2 『日本語能力試験 Can-do 自己評価レポート』に書いてあることは、そのレベルに合格した人みんなができると考えていいですか。

A2 いいえ。これは、合格した人が「…ことができると思うか」という質問に対して、4段階の自己評価を行ったものです。表の数字はその平均値です。ですから、できることを正確に表したものではなく、そのレベルに合格した人みんなが必ず「できる」と保証するものでもありません。けれども、合格した人がどのようなことを「できる」と思っているかはわかるので、受験者やまわりの人々の参考情報にはなると思います。

Q3 試験科目には「会話」や「作文」などがないのに、『日本語能力試験 Can-do 自己評価レポート』に「話す」と「書く」の技能に関する記述があるのはなぜですか。

A3 『日本語能力試験 Can-do 自己評価レポート』は、アンケート調査をもとに、各レベルの合格者が日本語を使ってどのようなこと（聞く・話す・読む・書く）ができると考えているかをまとめたものです。日本語能力試験では会話や作文の試験は行っていませんが、受験者やまわりの人々の参考になるように、「話す」と「書く」の技能も含めて調査を行い、レポートにしました。

Q4 受験料、申し込み期限、願書の入手方法など、申し込みのための具体的な手続きを教えてください。

A4 日本で受験したい人は日本国際教育支援協会のウェブサイト〈info.jees-jlpt.jp〉を見てください。海外で受験したい人は受験地の実施機関に問い合わせてください。海外の実施機関は日本語能力試験公式ウェブサイト〈www.jlpt.jp〉で確認できます。

(10) その他

Q1 日本語能力試験の主催者はどこですか。

A1 国際交流基金と日本国際教育支援協会です。
国内においては日本国際教育支援協会が、海外においては国際交流基金が各地の実施機関の協力を得て、実施しています。
台湾では、財団法人交流協会との共催で実施しています。

Q2 日本語能力試験の試験問題の著作権は、だれが所有しますか。

A2 試験問題の著作権は、主催者の国際交流基金と日本国際教育支援協会が所有します。

Q3 今後、日本語能力試験の情報はどこでわかりますか。

A3 日本語能力試験公式ウェブサイト〈www.jlpt.jp〉で随時更新を行います。

日本語能力試験　公式問題集　N5

2012 年　3 月 31 日　初版第 1 刷発行
2016 年　3 月 21 日　初版第 5 刷発行

著作・編集　　独立行政法人　国際交流基金
　　　　　　　〒160-0004　東京都新宿区四谷 4-4-1
　　　　　　　電話　03-5367-1021
　　　　　　　URL　http://www.jpf.go.jp/

　　　　　　　公益財団法人　日本国際教育支援協会
　　　　　　　〒153-8503　東京都目黒区駒場 4-5-29
　　　　　　　電話　03-5454-5215
　　　　　　　URL　http://www.jees.or.jp/

　　　　　　　日本語能力試験公式ウェブサイト
　　　　　　　URL　http://www.jlpt.jp/

発行　　　　　株式会社　凡人社
　　　　　　　〒102-0093　東京都千代田区平河町 1-3-13
　　　　　　　電話　03-3263-3959
　　　　　　　URL　http://www.bonjinsha.com/

印刷　　　　　モリモト印刷株式会社

ISBN 978-4-89358-821-0